Zu diesem Buch

Beten, singen, feiern macht Freude. Das kleine Buch will dazu helfen. Es hat fünf Teile: Heilige Messe, Gebete, Betrachtungen, Bußgottesdienst/Beichte, Lieder.

- Bilder, Meßtexte und Erklärungen helfen, die *heilige Messe* besser zu verstehen und mitzufeiern. Ähnlich führt das Buch in *Bußgottesdienst* und *Beichte* ein.

- *Tages-, Kommunion- und Bußgebete* zeigen, wie andere Menschen beten. Bete einfach mit und laß dich anregen, mit deinen eigenen Worten so zu beten, wie es dir gerade einfällt.

- Für die *Betrachtungen* nimm dir Ruhe und Zeit. Schau ein Bild lange an. Dann erweitere deine Gedanken durch die Anregungen auf der gegenüberliegenden Seite. Nimm auch die biblische Erzählung und das Gebet in deine Betrachtungen auf. Mit dem Bild und den Texten einer Betrachtung läßt sich gut ein Gottesdienst gestalten.

- Die *Lieder* sind nicht nur für den Gottesdienst gedacht. Singt sie auch in der Gruppe, zu Hause und in der Schule. Viele sind neu und noch unbekannt; einige stehen im »Gotteslob«. Zu den Liedern gibt es auch eine Tonkassette zum Mitsingen und Einüben.

beten singen feiern

Ein Gebetbuch für Kinder
zur Kommunion und Buße

zusammengestellt
von Hermine König, Karl Heinz König
und Karl Joseph Klöckner

Kösel-Verlag München

Das bin ich

Stefan Lotz

Mein Name

Gott, mein guter Vater.
Nimm mich, wie ich bin.
Mich gibt's nur einmal
auf der ganzen Welt:
Mein Gesicht,
meine Haare,
meine Hände,
meine Beine,
meine Stimme,
meine Laune,
meine Gedanken,
meine Gefühle
und mein Tun.
Nimm mich, guter Vater,
wie ich bin,
und laß alle Menschen,
denen ich begegne,
so mit mir umgehen
wie du.

Heilige Messe

Begrüßung

Wir sind zum Gottesdienst versammelt. Wir wollen beten, singen und feiern. – Der Priester geht zum Altar. Wir singen ein Lied. ♪
Wir machen das Kreuzzeichen. Der Priester spricht dabei:

P Im Namen des Vaters und des Sohnes und des Heiligen Geistes. Amen.
P Der Herr sei mit euch.

oder
Die Gnade unseres Herrn Jesus Christus sei mit euch.
A Und mit deinem Geiste.

Schuldbekenntnis

V Wir bekennen Gott, unserem Vater, und allen Brüdern und Schwestern, daß wir Gutes unterlassen und Böses getan haben.

V Herr, erbarme dich (unser)
A Herr, erbarme dich (unser)

V Christus, erbarme dich (unser)
A Christus, erbarme dich (unser)

V Herr, erbarme dich (unser)
A Herr, erbarme dich (unser)

oder ♪

Ehre sei Gott

Ehre sei Gott in der Höhe
und Friede auf Erden
den Menschen seiner Gnade.
Wir loben dich,
wir preisen dich,
wir beten dich an,
wir rühmen dich und danken dir,
denn groß ist deine Herrlichkeit:
Herr und Gott, König des Himmels,
Gott und Vater, Herrscher über das All,
Herr, eingeborener Sohn, Jesus Christus.
Herr und Gott, Lamm Gottes, Sohn des Vaters,
du nimmst hinweg die Sünden der Welt:
erbarme dich unser;
du nimmst hinweg die Sünden der Welt:
nimm an unser Gebet;
du sitzest zur Rechten des Vaters:
erbarme dich unser.
Denn du allein bist der Heilige,
du allein der Herr, du allein der Höchste:
Jesus Christus, mit dem Heiligen Geist,
zur Ehre Gottes des Vaters. Amen.

oder ♪

Tagesgebet: Der Priester lädt zum Gebet ein.

P Lasset uns beten . . .

Wortverkündigung

Durch die Botschaft der Bibel will Gott zu uns sprechen.

Lesung . . .

Die Lesung endet:

P Wort des lebendigen Gottes
A Dank sei Gott

♪

Evangelium

P Der Herr sei mit euch
A Und mit deinem Geiste
P Aus dem heiligen Evangelium nach . . .
A Ehre sei dir, o Herr

Das Evangelium endet:

P Evangelium unseres Herrn Jesus Christus
A Lob sei dir, Christus

Predigt

Der Priester erklärt uns die Botschaft des Evangeliums

Apostolisches Glaubensbekenntnis

Ich glaube an Gott,
den Vater, den Allmächtigen,
den Schöpfer des Himmels und der Erde,
und an Jesus Christus,
seinen eingeborenen Sohn, unseren Herrn,
empfangen durch den Heiligen Geist,
geboren von der Jungfrau Maria,
gelitten unter Pontius Pilatus,
gekreuzigt, gestorben und begraben,
hinabgestiegen in das Reich des Todes,
am dritten Tage auferstanden von den Toten,
aufgefahren in den Himmel;
er sitzt zur Rechten Gottes,
des allmächtigen Vaters;
von dort wird er kommen,
zu richten die Lebenden und die Toten.
Ich glaube an den Heiligen Geist,
die heilige katholische Kirche,
Gemeinschaft der Heiligen,
Vergebung der Sünden,
Auferstehung der Toten
und das ewige Leben. Amen.

oder ♪

Fürbitten

Einige von uns sagen Gott unsere Bitten.
Wir antworten jedesmal:

A Wir bitten dich, erhöre uns.

oder
Herr, erhöre uns;
Christus, erhöre uns.

Gabenbereitung

Brot und Wein werden zum Altar gebracht. Der Priester bereitet die Gaben für die Feier der Eucharistie.

♪

Der Priester spricht:

P Lasset uns beten zu Gott, dem allmächtigen Vater, daß er die Gaben der Kirche annehme, zu seinem Lob und zum Heil der ganzen Welt. …

Eucharistisches Hochgebet

Der Priester breitet seine Arme aus und spricht (oder singt):

P Der Herr sei mit euch.

A Und mit deinem Geiste.

P Erhebet die Herzen.

A Wir haben sie beim Herrn.

P Lasset uns danken dem Herrn, unserm Gott.

A Das ist würdig und recht ...

Dann betet oder singt der Priester ein Lob- und Dankgebet (Präfation):

P In Wahrheit ist es würdig und recht ...

Gemeinsam beten oder singen wir:

A Heilig, heilig, heilig Gott, Herr aller Mächte und Gewalten. Erfüllt sind Himmel und Erde von deiner Herrlichkeit. Hosanna in der Höhe. Hochgelobt sei, der da kommt im Namen des Herrn. Hosanna in der Höhe.

oder ♪

Hochgebet

Wie Jesus beim letzten Abendmahl spricht nun der Priester über Brot und Wein die Worte:

Nehmet und esset alle davon:
Das ist mein Leib,
der für euch hingegeben wird.

Nehmet und trinket alle daraus:
Das ist der Kelch
des neuen und ewigen Bundes,
mein Blut,
das für euch
und für alle vergossen wird
zur Vergebung der Sünden.
Tut dies zu meinem Gedächtnis.

Wir bekennen uns zu diesem Geheimnis des Glaubens:

A Deinen Tod, o Herr, verkünden wir,
und deine Auferstehung preisen wir,
bis du kommst in Herrlichkeit.

Vater unser

Der Priester lädt uns zum Gebet des Herrn ein:

P Wir heißen Kinder Gottes und sind es. Darum beten wir voll Vertrauen:

A Vater unser im Himmel,/ Geheiligt werde dein Name./ Dein Reich komme./ Dein Wille geschehe,/ wie im Himmel so auf Erden./ Unser tägliches Brot gib uns heute./ Und vergib uns unsere Schuld,/ wie auch wir vergeben unsern Schuldigern./ Und führe uns nicht in Versuchung,/ sondern erlöse uns von dem Bösen./ Denn dein ist das Reich/ und die Kraft/ und die Herrlichkeit/ in Ewigkeit. Amen.

oder ♪

Als Kinder eines Vaters wünschen wir uns den Frieden:

P Der Friede des Herrn sei allezeit mit euch.

A Und mit deinem Geiste.

Als äußeres Zeichen dafür können wir uns die Hand geben. Zustimmend antworten wir:

A Amen

Kommunion

Während der Priester das Brot bricht, beten oder singen wir:

A Lamm Gottes, du nimmst hinweg die Sünden der Welt, erbarme dich unser.
Lamm Gottes, du nimmst hinweg die Sünden der Welt, erbarme dich unser.
Lamm Gottes, du nimmst hinweg die Sünden der Welt, gib uns deinen Frieden.

oder ♪

Der Priester lädt zum Empfang der Kommunion ein:

P Seht das Lamm Gottes, das hinwegnimmt die Sünden der Welt.

A Herr, ich bin nicht würdig, daß du eingehst unter mein Dach, aber sprich nur ein Wort, so wird meine Seele gesund.

Der Priester teilt die Kommunion aus und spricht zu jedem einzelnen:

P Der Leib Christi

Wir antworten:

A Amen

Entlassung

Nach der Austeilung der Kommunion reinigt der Priester Kommunionschale und Kelch. Er betet ein Schlußgebet und entläßt uns mit dem Segen.

P Der Herr sei mit euch.
A Und mit deinem Geiste.
P Es segne euch der allmächtige Gott, der Vater und der Sohn und der Heilige Geist.
A Amen.
P Gehet hin in Frieden.
A Dank sei Gott, dem Herrn.

♪

BETEN

Nicht nur in der Kirche,
beten kannst du überall:
zu Hause
und auf der Straße
und im Bus
und in der Klasse
und auf dem Schulhof
und im Schwimmbad
und auf dem Spielplatz
und im Geschäft . . .
Immer und überall
kannst du mit Gott sprechen.

Im Namen des Vaters
und des Sohnes
und des Heiligen Geistes.
Amen

Autorennfahrer Phil Hill vor dem Start ▷

Am Morgen

1 Gib uns Freude jeden Tag!
Laß uns nicht allein.
Für die kleinsten Freundlichkeiten
laß uns dankbar sein.
Denn du, unser Gott,
nimmst uns alle bei der Hand.
Laß uns nicht allein.

2 Gib mir heute
gute Gedanken.
Dann wird
vieles
gut.

Der neue Tag bricht an.
Die Nacht ist nun vergangen.
Herr, alles was ich kann,
will ich mit dir anfangen.
Den Menschen helfen
alle Zeit,
den Frieden lieben,
nicht den Streit.
Auf allen guten Wegen
hilf, Herr, mit deinem Segen. Amen. 3

Gib, daß ich dich heute
nur dann um Hilfe bitte,
wenn ich alles, alles
getan habe, was ich selber tun kann. 4

Am Abend

5 So ein schöner Tag war heute,
lieber Gott, und so viele Freude
hat er wieder mir gebracht.
Dankbar sag' ich gute Nacht.

6 Wenn ich heute einem wehgetan habe,
vergib mir, Gott.
Es tut mir leid.
Wenn ich frech gewesen bin,
vergib mir.
Es kam so aus mir heraus.
Wenn ich sonst etwas verkehrt gemacht habe,
vergib mir.
Ich will es morgen besser machen.

7 Ich bitt' dich, Herr, durch deine Macht
behüt' mich auch in dieser Nacht,
daß ich mit Frieden schlafen mag.
Stärk mich zu einem neuen Tag. Amen.

8

Nun wollen wir singen das Abendlied
und beten, daß Gott uns behüt.

Es weinen viel Augen wohl jegliche Nacht,
bis morgens die Sonne erwacht.

Es wandern viel Sterne am Himmelsrund,
wer sagt ihnen Fahrweg und Stund?

Daß Gott uns behüt, bis die Nacht vergeht,
kommt, singet das Abendgebet.

Bei Tisch

9 Wir haben genug zu essen.
Wir werden täglich satt.
Hilf, daß wir den nicht vergessen,
der nichts zu essen hat.

10 Die Erde, das Korn,
das Licht und die Wärme,
die Arbeit der Menschen
geben uns Brot.
Wir danken dir, Gott,
für das Brot des Lebens,
du Gott der Erde,
Gott des Lichtes,
Gott der Menschen.

Alle guten Gaben,
alles, was wir haben, 11
kommt, o Gott, von dir.
Dank sei dir dafür!

Wir haben einen Tisch zum Essen, 12
dort hat jeder seinen Platz.
Lieber Vater im Himmel,
wir sitzen gern zusammen an unserem Tisch.
Komm auch du in unsere Mitte.

Vor der Kommunion

13 Jesus, du hast mit deinen Jüngern
das Abendmahl gefeiert.
Du hast ihnen gesagt:
Feiert immer wieder dieses Mahl,
bis ich wiederkomme.

Du hast deine Jünger nicht vergessen.
Sie sind zusammengekommen.
Sie haben von dir erzählt.
Sie haben zu dir gebetet.
Sie haben das Brot gebrochen
und allen davon gegeben.

Auch wir feiern jetzt das Abendmahl.
Wir hören von dir und deinem Leben.
Wir loben dich mit unseren Liedern.
Wir sind deine Gäste wie die Jünger.
Jesus, wir danken dir dafür.

14 Jesus, wir kommen jetzt an deinen Tisch.
Wir dürfen kommen und essen.
Mach du uns satt.
Mach du uns stark.
Mach du uns froh.
Laß uns deine Freunde bleiben
Und mach uns alle eins in dir.

Jesus, du feierst mit uns das Abendmahl. **15**
Du gibst uns dein Brot.
Du selbst kommst zu uns.
Du hast uns lieb. Du sorgst für uns. –
Ich möchte auch einmal
an deinem Tisch im Himmelreich sitzen.
Ich möchte dich sehen und froh sein.

Jesus, du Brot des Lebens. **16**
Wer von deinem Brot ißt,
wird leben in Ewigkeit.

Jesus, du bist bei uns, **17**
wenn wir froh sind;
du bist bei uns,
wenn wir traurig sind;
du bist bei uns,
wenn wir Frieden machen;
du bist bei uns,
wenn wir dein Wort hören;
du bist bei uns,
wenn wir beten;
du bist besonders bei uns,
wenn wir uns um den Altar versammeln
und dich beim Heiligen Mahl empfangen.

Nach der Kommunion

18 Herr, du bist mein Hirt.
Bei dir bin ich gern.
Bei dir darf ich spielen im grünen Gras.
Frisches Wasser läßt du für mich sprudeln.
Bei dir bin ich gern.
Du führst mich. Ich fasse deine Hand.
Du kennst den richtigen Weg.
Auch wenn ich durch dunkle Straßen gehe,
habe ich keine Angst.
Du bist ja bei mir.
Du schickst mich, dir will ich trauen.
Du gibst mir Speise
und Trank zur rechten Zeit.
Das Wasser der Taufe
hast du über mich fließen lassen.
Ich bin dein Kind.
Das Brot für das Leben
schenkst du mir in Fülle.
Ich darf bei dir bleiben immer und alle Zeit.
Du bist mein Hirt, Herr.
Bei dir bin ich gern.

Daß ich springen darf und mich freuen – 19
ich danke dir!
Daß ich spielen darf und mich freuen –
ich danke dir!
Daß ich singen darf und mich freuen –
ich danke dir!
Daß ich lieben darf und mich freuen –
ich danke dir!

Lobet den Herrn, denn er ist gut. 20
  Ohne Ende ist seine Liebe.
Er hat den Weltraum erschaffen,
die Sonne, den Mond und die Sterne:
  Ohne Ende ist seine Liebe.
Er hat uns die Erde geschenkt,
die Bäume, die Früchte und die Blumen alle:
  Ohne Ende ist seine Liebe.
Er hat uns die Schätze der Erde geschenkt:
  Ohne Ende ist seine Liebe.
Er hat uns Kraft zum Frieden geschenkt.
  Ohne Ende ist seine Liebe.

21 Du gibst dem Kaninchen eine Höhle
und dem Vogel ein Nest.
Du gibst der Forelle einen Stein,
unter dem sie sich ausruhen kann.
Du gibst uns das Zelt
und die schattige Laube,
in der wir uns sicher fühlen
wie in Mutters Bauch.
Du gibst uns das Haus,
in dem wir die Kälte nicht spüren
und nicht den Sturm.
Du gibst uns das Zimmer,
in dem wir ganz still
und sanft werden können,
und du gibst uns das Bett,
in dem wir den lauten Tag vergessen.
Du gibst uns die Kirche,
in der wir unsere Gedanken sammeln
und an dich denken können.
Wir danken dir, Gott,
für all die ruhigen,
schützenden Orte,
die du uns gibst.

22 Herr, gib, daß ich mich über die Dinge freue,
die ich selbstverständlich finde:
das Haus, in dem wir wohnen,
das Essen auf dem Tisch,
die Kleider in meinem Schrank.
Ich weiß, daß viele Menschen
das Allernotwendigste nicht haben.
Laß mich erkennen,
wo Armut und Elend ist,
und lehre mich,
das, was ich habe,
mit anderen zu teilen.

23 Jesus, du hast mich zu deinem Mahl eingeladen.
Ich danke dir dafür.
Aber du hast nicht nur mich eingeladen.
Ich habe viele Menschen
an deinem Tisch gesehen.
Wir gehören alle zusammen.
Laß mich daran denken,
daß du gerade auch die Hilflosen liebst.
Und ich soll dir dabei helfen.
Ich will es versuchen.
Wir alle, die an deinen Tisch gehen,
sind Schwestern und Brüder.

Ich will beten
für unser Haus,
für alle Menschen, die mir lieb sind . . .
Ich will beten
für unsere Stadt,
für alle, die darin wohnen und arbeiten . . .
Ich will beten
für unser Land,
für alle, die es beschützen und umsorgen . . . 24

Vater, dein Sohn Jesus Christus
feiert mit uns das Abendmahl.
Wir sind bei ihm wie damals die Jünger in Jerusalem.
Da denken wir an alle, die an dich glauben.
Lenke die Kirche auf der weiten Erde
und heilige sie durch dieses Mahl.
Schau auf dein ganzes Volk
und auf alle,
die dich mit aufrichtigem Herzen suchen.
Wie die Körner des Weizens im Brot vereint sind,
so laß auch uns eins sein in Jesus Christus,
deinem Sohn, unserem Herrn. Amen 25

26 Jesus, guter Freund.
Ich habe in letzter Zeit gar nicht oft
an dich gedacht.
Das fiel mir in dieser Meßfeier
so richtig ein.
Ich bitte dich, vergiß du mich nicht.
Das wäre schlimm.
Bleibe bei mir.
Amen.

27 Jesus, du warst ein Kind – wie ich.
Du bist geboren – wie ich.
Du hast gespielt und gelernt – wie ich.
Du hast sicher oft gelacht – wie ich.
Du hast sicher manchmal geweint – wie ich.
Du warst ein Kind – wie ich.
Ach, laß mich werden wie du.

Jesus, du bist bei mir. **28**
Ich weiß viel zu wenig von dir.
Aber eines weiß ich,
du liebst uns Menschen.
Deshalb laß mich immer Menschen finden,
bei denen du zu Hause bist.

Lieber Gott, **29**
heute weiß ich nicht, was ich beten soll.
Mir fällt nichts ein.
In mir ist es leer und müde.
Ich bin nur ganz still
und denke an dich.
Du weißt ja,
was ich möchte und was mir fehlt.
Sieh in mein Herz.
Dann brauche ich gar nichts zu sagen.
Ich habe dich lieb.

Zu Buße und Beichte

30 Hilf, Herr meines Lebens,
daß ich nicht vergebens
hier auf Erden bin.

Hilf, Herr meiner Tage,
daß ich nicht zur Plage
meinem Nächsten bin.

Hilf, Herr meiner Stunden,
daß ich nicht gebunden
an mich selber bin.

Hilf, Herr meiner Seele,
daß ich dort nicht fehle,
wo ich nötig bin.

Hilf, Herr meines Lebens,
daß ich nicht vergebens
hier auf Erden bin.

K Ich habe etwas Böses getan.
Es ist in mir so dunkel.
Hilf mir, Gott,
du verstehst mich besser
als die Menschen.
Manchmal kann ich nicht anders,
dann habe ich das Dunkel lieber
als das Licht. 31

P Zu Gott darfst du kommen
in das Licht
seiner Gnade.
Gott versteht dich.
Du bleibst sein Kind,
was du auch getan hast.

K Mein Gott, der du die Kinder liebst,
ich bin getauft in deinem Namen.
Ich bitte, daß du mir vergibst,
wenn ich gesündigt habe. Amen.

32 Alle waren nett und freundlich zu mir.
Ich weiß nicht, weshalb ich so böse wurde.
Ich habe es doch nicht gewollt.
Wie kommt es nur, daß man so oft tut,
was man gar nicht will, lieber Gott?
Ich möchte doch gut sein.
Bitte, hilf mir, das Böse zu unterlassen.
Danke, daß ich dir alles sagen darf,
lieber Gott.

33 Jesus, guter Freund,
du hast uns gesagt:
Zu Gott, unserem Vater,
können wir immer kommen.
Er versteht uns.
Er verläßt uns auch nicht,
wenn wir etwas getan haben,
was nicht in Ordnung war.
Seine Liebe ist groß.
Es macht mich froh, das zu wissen.

Jeder Mensch hat Fehler. **34**
Ich auch.
Keiner macht alles richtig.
Ich auch nicht.
Vielleicht ist das gar nicht so schlimm.
Du weißt es ja
und erwartest es auch nicht anders.
Das Traurige ist aber,
daß ich oft so lebe,
als wenn es dich gar nicht gäbe.
Ich denke manchmal an dich
und rede mit dir,
aber sonst kümmere ich mich wenig um deinen Willen.
Das vergib mir.
Hilf mir, Herr!

Oft habe ich eine laute Stimme und schimpfe, **35**
eine harte Hand und schlage,
ein zorniges Gesicht und tobe.
Gib mir eine leise Stimme
und eine sanfte Hand.
Gib mir ein Lächeln
und ein freundliches Wort.

36 Jesus, du bist von Gott.
Du bist größer als alle Menschen.
Aber du tust die Arbeit des Dieners.
Du hast deine Freunde wirklich lieb.
Auch sie sollen einander dienen.
Du sagst es allen:
Ich habe euch die Füße gewaschen.
Das sollt auch ihr einander tun.
Seid gut zu allen Menschen.
Dann seid ihr meine Freunde.

37 Ich will dich, Gott, vor allen Kindern preisen
und deinen Namen groß an den Himmel schreiben.
Ich will von deiner Güte erzählen,
und von deiner Macht über die ganze Erde.
Du rettest die Menschen, die du liebst,
und hilfst denen, die du in
dein Herz geschlossen hast.
Du willst den Frieden unter uns
und nicht den Streit.
Du willst die Liebe und nicht den Haß.
Mit Gott werden wir große Dinge tun.
Wir werden deinen Namen preisen
und groß an den Himmel schreiben.

Danken will ich dem Herrn 38
für all das Gute,
das er an mir getan hat.
Er hat Geduld mit mir,
er vergibt mir alle meine Schuld.
Die mir übelwollen,
hat er zum Schweigen gebracht,
und er hat mir neuen Mut
und neue Kraft gegeben.
Wir Menschen sind wie Gras:
Es wächst, steht kurze Zeit
und wird dann abgemäht.
Gottes Liebe aber
währet ewig.

Gegrüßet seist du, Maria, 39
voll der Gnade, der Herr ist mit dir.
Du bist gebenedeit unter den Frauen,
und gebenedeit ist die Frucht
deines Leibes, Jesus.
Heilige Maria, Mutter Gottes, bitte
für uns Sünder jetzt und in der
Stunde unseres Todes. Amen

Betrachtungen

HÖREN

Betrachte den alten Mann:
– seine Hand – sein Ohr – seine Augen
– seine Stirn – seinen Mund ...

Stell dir vor:
– die Umgebung des Mannes,
– worauf er hört,
– warum er das unbedingt hören will ...

Was wir alles hören:
Geräusche – Klänge – Stimmen
– auf der Straße – im Haus
– in der Schule – in der Kirche ...

Was wohl Menschen empfinden,
die das nicht hören können.
Wie sie sich orientieren können.
Was wir oft überhören
und nicht hören wollen ...
Was wir hören und oft doch nicht verstehen:
– fremde Sprachen – fremde Gedanken
– Märchen, Erzählungen, Gedichte – Gottes Wort ...

Die Heilung des Taubstummen

Jesus ging über den Jordan mitten ins Land der zehn Städte. Und dort kamen sie zu ihm gelaufen mit einem Menschen, der war taub. Seine Ohren waren wie zugestopft. Er hörte nicht ein Wort. Er hörte nie, was er selber sprach. Darum konnte er auch nicht sprechen. Seine Zunge lag fest. Er konnte nur stammeln. Der Mann war stumm – taubstumm.
Die ihn brachten, sagten zu Jesus: Sieh, er ist taub und stumm. Heile ihn doch mit deinen Händen, daß er hören und sprechen kann.
Und Jesus hörte auf ihre Bitte: Gleich nahm er den Mann beiseite und stieß ihm die Finger in seine Ohren, als wolle er sie durchbohren. Und er machte seine Zunge feucht – mit Speichel. Er wollte sie lösen. Und er sah zum Himmel: Gott wird mich hören. Die Stunde ist da. Er seufzte und sprach zu ihm: Ephata – Ephata, daß heißt: tu dich auf. – Und seht, es geschah sogleich:
Die Ohren wurden ihm aufgetan. Sie wurden geöffnet. Er hörte. Er hörte alles. Er hörte recht. Er hörte die Stimme des Herrn. Und er konnte sprechen. Die Zunge war los. Und was er sprach, das war richtig. Gott hatte ihn klug

zum Reden gemacht. Gott hatte ihm Weisheit gegeben.
Und Jesus kam zurück mit dem Mann. Da merkten es alle: Er hört. Er kann auch sprechen. Er ist gesund. Er hört und redet recht ... Sie waren über die Maßen erstaunt: Gott hat es gemacht. Gott macht das gut. Dies ist die Gnadenzeit des Herrn: Taube hören und Stumme reden.

Gebet

Gott.
Wir haben Ohren und sind oft taub,
hören und hören doch nicht richtig hin,
was Menschen uns sagen wollen.
Wir haben einen Mund und sind oft stumm,
reden und reden doch nicht über das,
was andere erwarten.
Es ist nicht ganz leicht, Ohren und Mund
richtig zu gebrauchen.
Gib du mir ein offenes Herz
für dein Wort und deine Liebe,
damit ich Ohren und Mund richtig gebrauche.

SEHEN

Über meinen Augen
liegt der dunkle Schleier der Nacht,
mein Kind.
Nie habe ich deine Hände gesehen,
deine Füße und dein Gesicht;
dennoch weiß ich, wie du aussiehst:
Ich sehe dich mit meinen *Händen.*
Nie sah ich deine Lippen sich bewegen,
wenn sie singen, flüstern, rufen und sprechen;
dennoch weiß ich, was du willst und sagst:
Ich sehe dich mit meinen *Ohren.*
Nie habe ich deine Augen gesehen,
wenn sie lachen, weinen, Gutes sehn und Böses;
dennoch weiß ich, was du denkst und fühlst:
Ich sehe dich mit meinem *Herzen.*
Über meinen Augen
liegt der dunkle Schleier der Nacht,
mein Kind.
Doch in mir brennt ein helles Licht für dich.

Der kleine Prinz sagt:
Hier mein Geheimnis.
Es ist ganz einfach:
Man sieht nur mit dem Herzen gut.
Das Wesentliche ist für die Augen unsichtbar.

Jesus macht einen Blinden sehend

Jesus war am Teich Siloa.
Dort war ein Mann.
Der war blind geboren.
Den heilte Jesus.
Als er sehen konnte,
waren die Leute doch verwundert.
Sie brachten ihn zu den Pharisäern.
Die mißtrauten ihm sehr.
Sie sagten: du lügst
und schlossen ihn aus.
Das hörte Jesus.
Er suchte ihn auf
und fragte ihn:
Hast du Vertrauen zum Menschensohn?
Der Mann antwortete:
Vielleicht, wenn ich weiß, wer es ist.
Da sagte Jesus:
Sieh, er steht vor dir.
Da gingen dem Mann die Augen auf.
Und er glaubte Jesus.
Er glaubte, daß Jesus von Gott ist.
Und Jesus sagte:
Deshalb bin ich gekommen,
damit ihr glaubt und seht.
Die aber nicht glauben wollen,

die sehen nicht,
die bleiben blind.
Ich bin das Licht der Welt.

Gebet

Ich möchte nicht blind durch das Leben gehen.
Herr, öffne meine Augen,
damit ich sehe,
was die Menschen froh macht und bedrückt.
Ich möchte mit dem Herzen sehen.
Herr, öffne mir die Augen für deine Liebe.

BROT

Der Bauer sät das Korn
und erntet das Getreide.
Der Müller mahlt die Körner zu Mehl.
Der Bäcker verbackt das Mehl zu Brot.
Der Kraftfahrer fährt das Brot in die Stadt.
Der Kaufmann verkauft es an die Mutter.
Bis das Brot auf unserem Tisch liegt,
haben sich viele Hände geregt.

Während du ißt,
haben immer zwei andere Hunger.
Von dreien in der Welt
gehen immer zwei hungrig schlafen.
Sie können sich nicht selbst helfen.
Wir können es.

Jesus speist die Fünftausend

Jesus sieht die große Menge der Menschen. Alle kommen zu ihm. Da sagt er zu Philippus: Wo sollen wir Brot kaufen, damit alle genug zu essen haben? Philippus antwortet: Brot für 200 Mark ist nicht genug für alle, auch wenn jeder nur ein bißchen bekommt. Ein anderer von seinen Jüngern, Andreas, sagt: Es ist ein Junge hier, der hat fünf Gerstenbrote bei sich und zwei Fische. Aber was ist das schon für so viele? Nun befiehlt Jesus: Die Leute sollen sich auf den Rasen setzen. Sie setzen sich hin. Es sind ungefähr 5000. Und Jesus nimmt das Brot, spricht das Dankgebet und verteilt an alle, die ihm zugehört haben. Mit den Fischen tut er dasselbe.

Er gibt ihnen, soviel sie wollen. Alle werden satt. Dann sagt er zu den Jüngern: Sammelt, was übriggeblieben ist. Und sie sammeln zwölf Körbe voll.

Nun erkennen die Leute, was das alles bedeutet: Es ist ein Zeichen für die Macht Jesu! Da rufen sie: Dieser ist wahrhaftig der Gesandte Gottes, der in die Welt kommen soll.

Da wollen sie ihn unbedingt zum König machen.

Jesus merkt das. Er geht weg, den Berg hinauf – er ganz allein.

Gebete

Vater unser, unser tägliches Brot
gib uns heute. ...
Heute das Brot, das wir heute brauchen.
Nicht das Brot, das wir morgen
oder übermorgen brauchen.
Auch nicht besseres Brot,
als es die anderen haben.
Einfach das Brot,
das heute unseren Hunger stillt,
unseren Hunger und den Hunger aller.

Gepriesen bist du, Herr, unser Gott,
Schöpfer der Welt.
Du schenkst uns das Brot, die Frucht der Erde
und der menschlichen Arbeit.
Wir bringen dieses Brot vor dein Angesicht,
damit es uns das Brot des Lebens werde.

WEIN

Was die Trauben reifen läßt,
das sind die Kräfte der Erde,
des Regens und der Sonne –
und nicht zu vergessen
die mühsame Arbeit der Winzer.

Winzer sagen, daß sie bei ihrer Arbeit mindestens 17mal im Jahr um einen Weinstock herumgehen müssen, bevor die Trauben reif sind und geerntet werden können. Und dann beginnt die Arbeit im Weinkeller.

Die Hochzeit in Kana

In Kana in Galiläa fand eine Hochzeit statt. Jesus war mit seinen Jüngern eingeladen, und auch seine Mutter war dort.
Als der Weinvorrat zu Ende war, sagte seine Mutter zu ihm: »Sie haben keinen Wein mehr!« Jesus erwiderte: »Du brauchst mir nicht zu sagen, was ich zu tun habe, Mutter. Meine Zeit ist noch nicht da.« Da wandte sich seine Mutter an die Diener und sagte: »Tut alles, was er euch befiehlt!«
Im Haus standen sechs Wasserkrüge aus Ton, von denen jeder achtzig bis hundertzwanzig Liter faßte. Jesus sagte zu den Dienern: »Füllt diese Krüge mit Wasser!« Sie füllten sie bis an den Rand. Dann befahl er ihnen: »Nehmt eine Probe von dem Wasser und bringt sie dem Mann, der für das Festessen verantwortlich ist.«
Das taten sie, und der Mann probierte das Wasser. Es war zu Wein geworden. Er wußte nicht, woher der Wein kam; nur die Diener, die ihm das Wasser gebracht hatten, wußten es. Er rief also den Bräutigam zu sich und sagte: »Jeder bringt doch zuerst den besten Wein auf den Tisch, und wenn die Gäste schon reichlich

getrunken haben, folgt der gewöhnliche. Aber du hast den besten Wein bis zum Schluß aufgehoben!«
Jesus tat dieses erste Wunder in Kana in Galiläa. So zeigte er seine Herrlichkeit, und seine Jünger faßten Vertrauen zu ihm.

Gebete

Du bist es, der die Berge tränkt.
Vom Segen deiner Hände wird die Erde satt.
Gras läßt du sprossen für das Vieh,
Gewächse für die Feldarbeit des Menschen,
um Brot aus der Erde hervorzubringen
und Wein, der das Herz des Menschen erfreut ... Ps 104, 14–15

Gepriesen bist du, Herr unser Gott,
Schöpfer der Welt.
Du schenkst uns den Wein,
die Frucht des Weinstocks
und der menschlichen Arbeit.
Wir bringen diesen Kelch vor dein Angesicht,
damit er uns der Kelch des Heiles werde.

WASSER

Quelle, Bach, Fluß ...

Regen, Nebel, Schnee ...

tropfen, sprudeln, fließen ...

waschen, erfrischen, löschen ...

schwimmen, tauchen, Schlittschuh laufen ...

trinken, wachsen, leben ...

dürsten, vertrocknen, sterben

Weihwasser, Taufwasser

Nur wenige Menschen haben eine Vorstellung davon, wie große Mengen von Wasser zu ihrer Ernährung nötig sind. Es ist daher gut, sich einzuprägen, daß zur Erzeugung von 1 kg Getreide in warmen Ländern nicht weniger als 4000 l Wasser verbraucht werden.

Lebendiges Wasser

Jesus kommt an einen Brunnen.
Dort trifft er eine Frau.
Die holt Wasser.
Jesus bittet um einen Schluck zu trinken.
Und er spricht lange mit ihr.
Dann sagt er:
Das Wasser im Brunnen,
das ist kein lebendiges Wasser.
Wer davon trinkt, hat wieder Durst.
Lebendiges Wasser ist anders.
Wer davon trinkt, hat niemals mehr Durst.
Wer davon trinkt, hat das Leben,
Leben von Gott. Bei Gott ist Leben.
Das ist wie fließendes Wasser.
Das ist wie eine Wasserquelle,
die immer Wasser hat.
Es ist, als hättest du niemals mehr Durst,
wenn du dieses Wasser trinkst.
Es ist, als wäre ein Brunnen in dir,
aus dem dieses Wasser kommt.
Du wirst dich freuen und fröhlich sein,
denn du bist immer bei Gott. –
Da sprach die Frau:
Herr, gib mir solches Wasser.
Gottes Brunnen hat Wasser in Fülle.

Gebet

Wie groß und herrlich bist du, Gott!
Du hast den Seen und den Bergen
ihren Ort gewiesen,
hast Quellen aus der Erde gerufen
und den Bächen und Flüssen
einen Weg gebahnt.
Tiere trinken daraus,
und Bäume wachsen an ihren Ufern.
Die Vögel bauen darin ihre Nester
und singen dein Lob.
Du läßt Pflanzen für Menschen
und Tiere wachsen.
Allen gibst du Speise ...
Deshalb will ich dich loben
mein Leben lang.

Nach Psalm 104

LICHT

Schöner als der beachtliche Mond
und sein geadeltes Licht,
Schöner als die Sterne,
die berühmten Orden der Nacht,
Viel schöner
als der feurige Auftritt eines Kometen
und zu weit Schönrem berufen
als jedes andre Gestirn,
Weil dein und mein Leben jeden Tag
an ihr hängt,
ist die Sonne.

Schöne Sonne, die aufgeht,
ihr Werk nicht vergessen hat …
Schönes Licht, das uns warm hält,
bewahrt und wunderbar sorgt …
Nichts Schönres unter der Sonne
als unter der Sonne zu sein …

Ich bin das Licht der Welt

Wer mir nachfolgt,
hat das Licht,
das zum Leben führt,
und wird nicht mehr im Dunkeln tappen.

Ihr seid das Licht der Welt

Eine Stadt auf dem Berge kann nicht verborgen bleiben. Auch brennt keiner ein Licht an, um es unter eine Schüssel zu stellen. Im Gegenteil: man steckt es auf einen Leuchter, damit es allen im Hause Licht gibt. Genauso muß auch euer Licht vor den Menschen leuchten, damit sie sehen, was ihr Gutes tut und eurem Vater im Himmel dafür danken.

Gebet

O komm, du wahres Licht der Welt,
das unsre Finsternis erhellt.
Geh auf, o Sonn, mit deiner Pracht,
vertreib den Nebel und die Nacht.
Freu dich, freu dich, o Israel,
bald kommt, bald kommt Emmanuel.

Bußgottesdienst

Begrüßung und Eröffnung
Gespräch oder Spiel zum Thema
Gebet:
Jesus Christus, wir wollen gemeinsam bedenken, wie wir füreinander da sind. –
Du sagst es uns in deiner Frohen Botschaft.
Wir wollen sie aufmerksam hören,
verstehen und versuchen, danach zu leben.
Lesung: Wir hören Gottes Wort
Besinnung: Wir versuchen unser Tun mit dem Wort Gottes zu vergleichen
Bußgebet: Wir bekennen unsere Schuld
Vorsatz: Wir nehmen uns vor, etwas zu ändern
Vergebung:
A Herr, vergib uns unsere Schuld.
P Der allmächtige Gott erbarme sich unser,
er lasse uns die Sünden nach
und führe uns zum ewigen Leben.
A Amen
Segen: Es segne uns der barmherzige Gott:
Der Vater, der Sohn und der Heilige Geist.
A Amen

An entsprechenden Stellen Lieder einsetzen.

Beichte

Besinnung

Du bist von draußen hereingekommen. In der Kirche ist es ruhig und still. Bevor du jetzt mit dem Priester in der Beichte sprichst, versuche auch still und ruhig zu werden. Dabei kann dir ein Gebet helfen.

Gebet

Gott, ich komme zu dir.
Denn ich weiß:
Du schaust mit Liebe auf mich.
Du siehst, was gut ist in meinem Leben.
Du siehst auch, was ich falsch mache.
Du kennst mich genau.
Vor dir kann ich ehrlich sein.
Dir kann ich alles sagen.
Du vergibst mir.
Deshalb komme ich zu dir.

Überlege

Was hast du gut gemacht in den letzten Wochen?
Was hast du an Gutem unterlassen?
Was hast du Böses getan?

(Die Bilder auf den Seiten 80/81 können dir dabei helfen.)

Bitte um Verzeihung

Guter Gott! Ich möchte gut sein.
Ich habe es versucht,
es ist mir nicht immer gelungen.
Darum bin ich hierher gekommen.
Bitte verzeih mir, guter Gott!
Du bist bei mir, du siehst mich,
du willst, daß ich gut bin.
Ich will mir Mühe geben.
Bleib bei mir, guter Gott!
Es ist schön, dein Kind zu sein.

helfen · teilen · trösten · Freude machen

kränken · mißgönnen · zerstören · beleidigen

muntern · um Verzeihung bitten · danken

gen · wegnehmen · Spiel verderben · streiten

Beichtgespräch

Alles, was dir unklar ist, kannst du mit dem Beichtvater besprechen. Er will dir auf deinem Weg zu Gott helfen.
Dein Beichtgespräch kannst du so beginnen:

K »Im Namen des Vaters und des Sohnes und des Heiligen Geistes ...«

Jetzt sagst du dem Priester, was du dir vorher überlegt hast. Du kannst mit deinem Bekenntnis so aufhören:

K »Ich bitte Gott um Vergebung.«

Der Priester überlegt jetzt mit dir eine Buße: ein Gebet oder eine gute Tat, und was du dir für die nächste Zeit besonders vornehmen willst. Dann betet der Priester für dich, daß Gott dir verzeiht. Zum Schluß segnet dich der Priester. Dabei spricht er:

P »Ich spreche dich los von deinen Sünden im Namen des Vaters und des Sohnes und des Heiligen Geistes.«

Dank

Nach der Beichte hast du Zeit für dein Dank- und Bußgebet.

K Gott, mein Vater, du bist gut!
Du hast mir durch den Priester
die Sünden vergeben.
Ich bin so froh darüber.
Ich danke dir.

Weitere Gebete siehe Seite 46–51.

Lieder

1

2. Die Erde ist schön…
Alle Menschen sind uns Brüder, teilen woll'n wir Freud und Leid, daraus wächst das wahre Leben, das die Welt erwartet heut'.

3. Die Erde ist schön…
Bei der Arbeit, in der Freizeit, fern sei Zwietracht, Zorn und Neid, schenk dem andern deine Liebe, und ins Herz zieht ein die Freud.

2

Allein können wir nicht leben.
Allein wird uns bang.
Drum hat uns Gott
die Freunde gegeben.
Wir ziehen gemeinsam am Strang.

Allein können wir nicht leben,
allein sind wir schwach.
Drum hat uns Gott
sein Wort gegeben,
es stärkt uns und rüttelt uns wach.

Allein können wir nicht leben,
allein sind wir tot.
Drum hat uns Gott
Gemeinschaft gegeben,
beim Mahl schenkt er Wein uns und Brot.

3

Danke: für alle guten Freunde. Danke: o Herr, für jedermann. Danke: wenn auch dem größten Feinde ich verzeihen kann.

Danke: für meine Arbeitsstelle. Danke: für jedes kleine Glück. Danke: für alles Frohe, Helle und für die Musik.

Danke: für manche Traurigkeiten. Danke: für manches gute Wort. Danke: daß deine Hand mich leiten will an jedem Ort.

Danke: daß ich dein Wort verstehe. Danke: daß deinen Geist du gibst. Danke: daß in der Fern' und Nähe du die Menschen liebst.

Danke: dein Heil kennt keine Schranken. Danke: ich halt' mich fest daran. Danke: Ach, Herr ich will dir danken, daß ich danken kann!

4

1. Wenn ich in Angst bin, –
2. Wenn ich in Not bin, –
3. Wenn ich in Schuld bin, –
1.+2. mein Gott, ver - giß mich nicht.
3. ver - gib mir mei - ne Schuld.

5

V Herr, er - bar - me dich!
A Herr, er - bar - me dich!
V Chris - tus, er - bar - me dich!
A Chris - tus, er - bar - me dich!
V Herr, er - bar - me dich!
A Herr, er - bar - me dich!

6

7

Kanon
1. Lobet und preiset, ihr Völker, den Herrn;
2. freuet euch seiner und dienet ihm gern.
3. All ihr Völker, lobet den Herrn.

8

V: Du hast uns, Herr, gerufen, und darum sind wir hier.
1. A |: Du hast uns, Herr, gerufen, und darum sind wir hier. :| V Wir sind jetzt deine Gäste und danken dir. A Wir sind jetzt deine Gäste und danken dir.

2. |: Du legst uns deine Worte und deine Taten vor. :| |: Herr, öffne unsre Herzen und unser Ohr. :|

3. |: Herr, sammle die Gedanken und schick uns deinen Geist, :| |: der uns das Hören lehrt und dir folgen heißt. :|

1. Herr, gib uns Mut zum Hören auf das, was du uns sagst. / Wir danken dir, daß du es mit uns wagst. **9**

2. Herr, gib uns Mut zum Glauben an dich, den einen Herrn. / Wir danken dir, denn du bist uns nicht fern.

10

Wie Korn und Traube in Brot und Wein woll'n wir alle miteinander und mit dir verbunden sein.

11

V Wir bringen dir mit Dankbarkeit
das Brot, von dem wir leben.

A Nimm an das Brot, nimm an den Wein,
nimm an uns selber, wir sind dein.

V Gelobt sei Gott in Ewigkeit,
der uns den Wein gegeben.

A Nimm an das Brot, nimm an den Wein,
nimm an uns selber, wir sind dein.

Kanon

12

Komm her, freu dich mit uns, tritt ein; **13**
denn der Herr will unter uns sein,
er will unter den Menschen sein.
Komm her, freu dich, der Herr will unter uns sein.

Komm her, öffne dem Herrn dein Herz;
deinem Bruder öffne das Herz,
und erkenne in ihm den Herrn. Komm her…

Komm her, freu dich mit uns, nimm teil,
an des Herrn Gemeinschaft nimm teil;
er will unter den Menschen sein. Komm her…

Kanon **14**

Kanon **15**
1. Herr bleibe bei uns;
2. denn es will Abend werden,
3. und der Tag hat sich geneiget.

16

♩ = 1
Va - ter un - ser im Him-mel ge - hei - ligt wer -
de dein Na - me. Dein Reich kom - me, dein Wil - le
ge - sche - he wie im Him - mel so auf Er - den.
1. * 2.
Un - ser täg - li - ches Brot gib uns heu - te.
Und ver - gib uns un - se - re Schuld, wie auch wir ver - ge -
ben un - sern Schul- di - gern. Und füh - re uns nicht
in Ver - su-chung, son - dern er - lö - se uns von
dem Bö - sen. Denn dein ist das Reich und die
Kraft und die Herr - lich - keit in E-wig-keit. A - men.

17

18

Kanon
1. Danket, danket dem Herrn;
2. denn er ist so freundlich;
3. seine Güt' und Wahrheit währet ewiglich.

Inhalt

Das bin ich 2

Heilige Messe 4

Gebete

Beten 28

Am Morgen 30

Am Abend 32

Bei Tisch 34

Vor der Kommunion 36

Nach der Kommunion 38

Zu Buße und Beichte 46

Betrachtungen

Hören 52

Sehen 56

Brot 60

Wein 64

Wasser 68

Licht 72

Bußgottesdienst 76

Beichte 78

Lieder 86

ISBN 3-466-50018-4

Satz, Druck und Bindung: Kösel, Kempten
Notengrafik: Peter Schimmel, München
Umschlag: Günther Oberhauser, unter Verwendung eines Fotos von N. Wachholz, Köln

Mit kirchlicher Druckerlaubnis.
München, 1. 3. 1978. GV Nr. 1614/78/1a, Dr. Gerhard Gruber, Generalvikar

Quellenverzeichnis

Gebete

1: K. Rommel. Aus: Neue Kinderlieder, BE 807. Gustav Bosse Verlag KG, Regensburg – 2, 4, 35: Aus: J. Hoffmann-Herreros, Deine Hand, Gott. Gebete mit Kindern. Patmos-Verlag, Düsseldorf 1974. – 3: Aus: W. Fährmann, Mit Kindern beten. Echter Verlag, Würzburg [6]1976. – 5: Volksgut. – 6, 9, 27, 29, 34: Aus: D. Block, Gut, daß du da bist. Verlag Ernst Kaufmann, Lahr/Benziger Verlag, Zürich–Köln 1974. – 7: Aus: Abendgebete. Gütersloher Verlagshaus G. Mohn, Gütersloh 1967. – 8: Volksgut. – 10, 21, 31, 1 u. 2, 38: Aus: J. Klink, Nicht im Sturm – nicht im Feuer. Patmos-Verlag, Düsseldorf 1974. – 11: Aus: Gotteslob in der Schule. Gebete und Lieder der christlichen Kirchen. Bonifacius-Druckerei, Paderborn/Neukirchner Verlag des Erziehungsvereins, Neukirchen-Vluyn. – 12: Aus: Jorissen/Meyer, Kindergebet. Tyrolia-Verlag, Innsbruck 1973. – 13, 25: Aus: Meßfeiern mit Kindern. Bernward Verlag, Hildesheim/Verlag Butzon & Bercker, Kevelaer 1971. – 15, 36: Aus: K. Albrecht/J. le Scauff, Kinder reden mit Jesus. Katholisches Bibelwerk, Stuttgart 1968. – 17: Aus: D. Emeis, Die große Freude. Herder Verlag, Freiburg 1977. – 18: Aus: W. Fährmann, Mit Kindern Psalmen beten. Echter Verlag, Würzburg [2]1976. – 19: Aus: Mein kleines Gebetbuch. Chr. Kaiser Verlag, München [4]1966. – 20: A. Lax in: Behnke/Krah/Lax/Pöppel, Antennen. Bernward Verlag, Hildesheim [8]1977 gekürzt. – 22, 32: Aus: D. Block, Meinem Gott gehört die Welt. Agentur des Rauhen Hauses, Hamburg. – 30: G. Lohmann 1962. Aus: Neue geistliche Lieder, BE 285, Gustav Bosse Verlag KG Regensburg (Gotteslob 622). – 31[3]: Aus: U. Scheffler/E. Hutter, Gott hört uns. Herder Verlag, Freiburg 1970. – 37: U. Seidel (nach Psalm 103), Faltblatt »Mit Kindern beten«, Bischöfl. Generalvikariat, Münster 1974.

Texte

S. 56: Aus: A. de Saint-Exupéry, Der kleine Prinz. Karl Rauch Verlag, Düsseldorf 1971. – S. 60: Aus: K. Magiera, Sakrament Brot. Verlag Butzon & Bercker, Kevelaer 1970. – S. 62: H. Grosse-Jäger nach Joh 6,1–15. Aus: Eucharistiefeiern für Kinder. Patmos-Verlag, Düsseldorf 1969. – S. 63: Aus: K. Magiera, a. a. O. – S. 68: Aus: F. Baade. Welternährungswirtschaft. Rowohlt Taschenbuch-Verlag, Hamburg 1956. – S. 72: Aus: I. Bachmann, Anrufung des großen Bären. R. Piper & Co. Verlag, München.

Lieder

1: T: Neue Stadt Verlag, München, M: Sœur Sourire. – 2: T u. M: Kurt Rommel. Aus: M. G. Schneider, Sieben Leben möcht' ich haben. Christophorus Verlag, Freiburg/Verlag Ernst Kaufmann, Lahr 1975. – 3: T u. M: M. G. Schneider. Aus: Danke. BE 214. Gustav Bosse Verlag KG, Regensburg. – 4: T: D. Steinwede, M: M. G. Schneider. Quelle wie 2. – 5: M: K. H. König. – 6: T u. M: K. H. König. – 7: T u. M: mündlich überliefert. – 8: T: Kurt Rommel 1967. Aus: G. Watkinson, 111 Kinderlieder zur Bibel. Christophorus Verlag, Freiburg/Verlag Ernst Kaufmann, Lahr. – 9: T: Kurt Rommel 1964. Aus: Schöne Musika, Burckhardthaus-Verlag, Gelnhausen/Berlin. – 10: T u. M: K. H. König. – 11: M: Karl Berg. Aus: Der Herr ist mein Hirt. Verlag Ludwig Auer, Donauwörth [11]1972. – 12: T: (Unterlegung): K. H. König, M: nach einem englischen Kanon. – 13: T: Charles Heap 1970, nach einem amerik. Lied. Aus: Neues Psalmenbuch, Christophorus Verlag, Freiburg. 14: T u. M: Aus dem Niederländischen mündlich überliefert. – 15: T: Gotteslob 18,8. – 16: M: Karl Berg. Aus: Mein Stimme klinge 2. Christophorus Verlag, Freiburg. – 17: T u. M: Aus: Von Gott will ich singen, Stuttgart [2]1976. – 18: T: 18. Jh. (Gotteslob 283).

Bilder

Dt. Wein-Information. Mainz S. 65; foto-present, Essen S. 80/81; KNA, Frankfurt S. 77; R. Kunitsch, Altheim S. 41, 57, 61, 69, 73, 80 (o.li.); G. Molter, Gerlingen S. 29; Nationalbibliothek, Athen (Jesus und Johannes. Miniatur aus einem Evangeliar, 2. Hälfte 12. Jh., Athos Kloster Iberon) S. 13; W. Stusser, Köln S. 83; H. Vogler, Ratingen S. 53; H. Zumbrunn (Verlag der Oblaten, Mainz) S. 5, 7, 9, 11, 15, 17, 19, 21, 23, 25, 27, 79, 85.